틴~꿈 십대성경공부 | 신약책 시리즈 5

요한계시록

인생 승리, 폴더를 열어라

이대희 지음 | 바이블미션 편

엔크리스토
ENCHRISTO

인생의 기초를 성경으로 다져라

십대는 두 번 다시 돌아갈 수 없는 인생의 귀한 시기입니다.
앞으로 인생을 살아가는 데 있어 기초를 다지는 시기로, 십대를 어떻게
보내느냐에 따라 인생이 달라집니다.

우리가 사는 세상에는 십대를 유혹하는 잘못된 문화와 가치관들이
너무 많습니다.
세상에 물들지 않고 성경적 가치관과 하나님의 나라를 꿈꾸며 살아갈
수 있는가 하는 것은 모든 십대뿐 아니라 십대를 지도하는 부모와 교사
들이 갖는 중요한 관심사입니다.

십대들을 영원히 지켜 줄 수 있는 것은 오직 말씀입니다.
이 시기에 하나님의 말씀으로 얼마나 무장하느냐에 따라 미래의 삶이
결정됩니다.
성경으로 인생의 기초를 다지는 일은 그 어떤 일보다 중요한 일입니다.

〈틴~꿈 십대성경공부〉 시리즈는 성경 자체를 배우면서 십대의 삶을

가꾸는 내용으로 구성되었습니다. 일차적으로 성경개관을 통해 성경 전체의 맥을 잡고, 그 다음으로 구약성경책과 신약성경책을 통해 십대에 관계된 성경의 각 권을 선택하여 공부하도록 했습니다.

자매 시리즈인 〈아름다운 십대성경공부〉 시리즈와 함께 연결하여 사용하면 균형 있는 교과과정이 됩니다.

아무쪼록 이 성경공부 교재를 통해 성경적 비전을 품고 말씀과 일치를 이루는 하나님의 사람으로 자라나길 기도합니다.

오직 주님께 영광을….

이대희

틴~꿈 십대성경공부 시리즈 교재의 특성

1_ 십대들이 꼭 알아야 할 핵심내용과 성경적인 가치관과 세계관을 정립하는 성경공부입니다.

2_ 귀납적 형태를 띤 이야기대화식으로 탐구능력을 키우고 생각을 점차 열리게 하는 흥미로운 성경공부입니다.

3_ 자유로운 토의와 열린 대화를 활발하게 하는 소그룹에 적합한 성경공부입니다.

4_ 영적 사고력과 해석력, 분별력을 키우면서 스스로 적용능력을 점차 극대화시켜 주는 성경공부입니다.

5_ 본문 중심 성경공부로, 성경이야기 속으로 빠져들어 말씀의 성육신을 경험하는 성경공부입니다.

6_ 흥미와 재미를 유도하는 주제로 구성되어 있고, 모두가 쉽게 참여하면서 영적 깊이와 변화를 체험하게 하는 전인적인 성경공부입니다.

7_ 성경공부를 통하여 자연스럽게 학과공부와 전인교육에 필요한 논술력, 사고력, 상상력, 창의력, 응용력을 함께 계발시키는 성경공부입니다.

8_ 분반공부와 제자훈련 등 시간(30분, 1시간, 1시간 30분)을 탄력적으로 운영하며 사용할 수 있는 성경공부입니다.

9_ 15년 동안 준비하고 실험한 성경공부 사역 전문가에 의해 검증된 효과적인 공부 방법과 총체적이며 전인적인 교과과정이 체계적으로 구성된 신뢰할 만한 성경공부입니다.

틴~꿈 십대성경공부 시리즈 전체 양육과정표

〈틴~꿈 십대성경공부 시리즈〉는 1년 단위로 5권씩 3년 동안 성경 전체의 내용을 핵심적으로 다루도록 구성되었습니다. 1년차는 성경 파노라마를 통해 성경의 맥과 개관을 다룹니다. 그리고 구약책과 신약책 중에서 십대에 맞는 책을 선택하여 집중적으로 유형별로 균형 있게 공부하도록 했습니다. 십대 시기에 성경의 맛을 직접 느끼게 함으로써, 앞으로의 삶 속에서 성경을 계속 배우고 실천하는 데 도움을 주는 방향으로 내용을 구성했습니다. 십대를 마칠 때는 적어도 성경의 중요한 맥과 뼈대를 잡고, 성경의 내용을 각 권별로 조금씩이라도 살아 있는 말씀으로 경험한다면 평생 동안 말씀과 함께 사는 데 큰 도움이 될 것입니다.

	성경개관 시리즈	구약책 시리즈	신약책 시리즈
1권	성경파노라마 – 구약1 성경, 한눈에 쏘옥~	창세기 인생의 뿌리, 꽉- 잡아라	누가복음 최고의 멘토, 예수님을 만나라
2권	성경파노라마 – 구약2 성경, 한눈에 쏘옥~	에스더 영적 거인, 빼- 닮아라	로마서 내 안의 복음 발전소
3권	성경파노라마 – 구약3 성경, 한눈에 쏘옥~	다니엘 나는 바이블 영재!	사도행전 글로벌 증인이 되어라
4권	성경파노라마 – 신약1 성경, 한눈에 쏘옥~	잠언 지혜가 최고야!	빌립보서 기쁨을 클릭하라
5권	성경파노라마 – 신약2 성경, 한눈에 쏘옥~	전도서 어, 인생이 보인다!	요한계시록 인생 승리, 폴더를 열어라

* 틴꿈 십대 새가족 양육교재

● 각 과는 10과 내외로 구성되어 있으며, 3년 과정으로 중고등부가 모두 사용할 수 있습니다. 각 교회 상황에 따라 순서에 상관없이 책을 자유롭게 선택하여 사용 가능합니다. 과정을 계속 이어가기를 원하면 〈아름다운 십대성경공부 시리즈〉(3년차)와 연관하여 사용할 수 있습니다.

본 교재는 다음과 같은 단계로 구성되었습니다. 전체 단계를 잘 이해하고 활용하면 성경공부에 훨씬 효과적입니다.

■ 열린 마음

마음을 여는 단계입니다. 성경공부는 마음을 먼저 열지 않으면 말씀이 들어오지 않게 됩니다. 질문에 편안하게 답하도록 하되 무리하게 답을 끌어낼 필요는 없습니다. 질문을 통해 마음을 집중하는 데 그 의미가 있습니다.

■ 말씀 먹기

말씀 속으로 들어가는 단계입니다. 공부를 할 때, 본문을 먼저 읽고 나서 질문을 통하여 말씀 속으로 함께 들어가는 데 목표를 둡니다. 가능하면 본문을 지식적으로 이해하기보다는 전인적으로 이해하는 접근 방식이 필요합니다. 성경을 이야기 식으로, 글자가 아닌 사건으로 보도록 합니다. 그리고 생명의 말씀을 먹는다는 자세로 의미를 생각하며 질문에 대한 답을 해야 합니다. 그렇게 하면 점차 성경 속으로 들어가는 것을 경험할 것입니다.

일반 학교공부보다 차원이 높습니다. 이것을 터득하면 일반 공부는 쉽습니다(주제별로 구절을 공부하는 방식보다 본문을 통하여 성경지문을 공부하면, 전체 문맥을 이해하는 능력과 아울러 논술·논리·구술·토론 능력이 자동적으로 해결됩니다).

■ 되새김

되새김은 소가 먹은 음식을 다시 되씹는 과정과 같습니다. 말씀을 지식적으로 이해하는 것을 넘어 그 의미를 곱씹는 것입니다. 도움말을 통하여, 이미 알고 있던 말씀의 의미를 다시 한 번 깊게 생각하는 단계입니다. 처음에는 도움말 없이 질문에 대한 답을 스스로 찾아내도록 합니다. 단순히 단어나 구절을 외우는 것이 아닌, 의미를 곱씹어 생각하는 것이 중요합니다.

■ 생각해 보기

본문에서 특별히 생각해야 할 중심 주제를 생각해 보는 단계입니다. 즉, 머리에서 가슴으로 이르게 하는 단계입니다. 말씀을 실천으로 옮기기 위해서는 말씀을 깨닫는 일이 선행되어야 합니다. 가슴으로 깨닫는 것만이 실천에 이르게 됩니다. 이 단계에서 서로 의견을 나누고 토론을 하면 좋습니다. 한 사람의 일방적인 설명보다는 각자의 생각을 자유롭게 나눌 수 있도록 소그룹을 활성화합니다.

■ 삶의 적용

'되새김'과 '생각해 보기'를 통해서 얻어진 말씀을 내 삶에 적용하는 단계입니다. 단어나 구절을 그대로 실천하는 것은 율법적인 적용이 될 수 있습니다. 의미를 이해하고 그것을 내 삶에 알맞게 응용하면서 적용하는 것이 바람직합니다.

■ 실천 메시지

본문에서 생각할 수 있는 내용을 정리했습니다. 내용을 읽고 나서 자기의 생각을 나누어도 좋습니다. 실천 메시지를 통해서 한 가지라도 분명한 메시지를 가슴에 품고 적용하며 실천하는 시간입니다.

승리의 이야기

　요한계시록은 성경의 마지막 책입니다. 요한계시록은 그동안 보통 사람들이 읽기에 어려운 책으로 이해되어 왔습니다. 왜냐하면 요한계시록은 일반 사람들이 이해하기 힘든 언어로 기록되었기 때문에 언뜻 보면 이해가 안 되는 책이기 때문입니다. 숫자와 상징적인 언어들이 많아서 그것이 가진 특별한 의미를 알지 못하면 해석하기 어렵습니다.

　비현실적인 내용처럼 보이는 요한계시록은 그래서 이단들과 사이비들이 자신들의 목적을 이루는 도구로 사용하곤 했습니다. 일반 사람들은 이해하기 어렵기 때문에 자기의 목적을 위해서 교묘하게 요한계시록을 이용했습니다.

　특히 어린이들이나 십대들에게 요한계시록은 읽기 어려운 책입니다. 누가 풀이해 주지 않으면 읽기도 어렵고 공부할 수도 없는 책입니다. 그러나 실제로는 그렇게 어려운 책이 아닙니다. 기본적인 것들을 조금만 이해하면 요한계시록은 아주 재미있는 책이며 실제적인 교훈을 주는 책입니다.

　『반지의 제왕』 같은 판타지 문학은 어린이들과 십대들이 좋아합니다. 비현실적인 내용을 잘 이해하고 상상의 세계 속으로 빠져듭니다. 성경의 요한계시록 역시 그렇게 환상적이고 예언적인 문학성을 가진 책입니다. 상징과 은유와 비유를 가지고 이야기가 전개됩니다.

요한계시록은 예수 그리스도의 승리의 이야기입니다. 물론 예수를 믿는 성도들의 승리를 그리고 있는 책입니다

요한계시록은 로마의 박해 시절에 성도들을 격려하기 위해서 씌어진 책입니다. 다만 서술 방법으로 일반적 서신이 아닌 예언 문학의 양식을 사용했습니다. 일종의 은어를 사용한 문학적 기법이 사용되었습니다. 그 당시 성도들만 알아들을 수 있는 은어를 사용했습니다. 그것은 성도들의 신앙과 마음을 하나로 연결하는 효과를 가지는 동시에, 적대 세력들에게는 정확한 내용을 숨기는 작용을 합니다. 혹시 책을 카타콤에 숨어서 예배하는 성도들에게 전달하다가 로마 군인들에게 발각이 되어도 그 내용에 문제를 제기할 수 없습니다. 로마인들로서는 이해하기 어려운 책이기 때문입니다. 사실은 로마 황제를 비판하고 로마의 멸망을 예언하는 내용이지만, 그것이 비유와 숫자 등으로 표기되어 있기 때문에 그들은 알 수가 없습니다. 미련한 자에게는 숨기고 지혜로운 자에게는 보이는 효과를 지니고 있는 책이 바로 요한계시록입니다.

요한계시록은 고난과 핍박 속에 있는 성도들의 신앙을 격려하고 희망을 갖게 하기 위해 씌어졌습니다. 어떤 경우에도 배교하지 말고, 설사 순교하는 상황이 온다 해도 새 하늘과 새 땅인 천국을 바라보면서 끝까지 승리하라는 메시지를 담고 있습니다. 잠시 동안 있는 세상에 미련을 두지 말고 영원한 하늘을 소망하며 예수 그리스도의 승리를 믿으면서 살아가라는 격려의 책입니다

오늘 우리 십대들도 요한계시록을 공부함으로써 미래의 소망과 비전을 품고 승리하는 삶을 살아야 합니다. 악과 타협하지 않고 진실을 향해 달려가는 십대들이 되기를 기도합니다. 이 책을 공부하면서 미래의 환상을 보고 영적 상상력과 창의력이 풍부해지는 축복이 임하기를 바랍니다.

차례

01

희망과 위로의
메시지

"주 하나님이 이르시되 나는 알파와 오메가라 이제도 있고 전에도 있었고
장차 올 자요 전능한 자라 하시더라." (계 1:8)

 **열린 마음**

● 지금까지 살아오면서 가장 힘들었던 적은 언제였습니까? 그때 희망을 가질 수 있었던 힘은 무엇이었는지 말해 보십시오. 인생에서 가장 위로가 되는 힘은 무엇이라고 생각합니까?

_____

_____

 말씀 먹기

● 요한계시록 1:1-20을 읽고 다음 질문에 답해 보세요.

본문은 예수 그리스도에 대한 내용으로 가득 차 있습니다. 교회의 주인이신 예수님에 대한 분명한 믿음은 고난을 이기는 힘이 됩니다. 지금은 고난 속에서 교회가 핍박을 당하지만 결국은 그리스도로 말미암아 승리를 하게 됩니다. 끝까지 주님을 의지하고 나간다면 그리스도인의 삶은 결국 승리하게 될 것입니다.

1 요한계시록은 누가 어떻게 기록한 것입니까? (1-3)

_____

_____

2 요한은 아시아에 있는 일곱 교회에게 편지를 하면서 예수 그리스도의 은혜를 전합니다. 요한이 전하는 예수 그리스도는 어떤 분이십니까?

(4-8)

_____

_____

3 요한계시록은 요한이 어디에서 누구에게 기록한 것입니까? (9-11)

_____

_____

4 요한이 환상 중에 본 예수님의 모습은 어떠했습니까? (12-16)

1) 주변의 모습

_____

2) 옷의 모습

_____

3) 가슴의 모습

_____

4) 머리와 털과 눈의 모습

5) 발과 오른손과 입과 얼굴 모습

_____

5 요한이 이런 주님의 환상을 볼 때에 어떤 모습이 되었습니까? (17)

_____

_____

6 요한에게 주신 주님의 말씀은 무엇입니까? (18-20)

_____

_____

 생각해 보기

1 소아시아에 있는 일곱 교회는 당시 로마의 지배 아래서 고통받고 있었습니다. 요한 역시 밧모섬으로 유배당하여 요한계시록을 쓰고 있습니다. 예수님에 대한 신앙은 모든 것을 이기게 합니다. 본문에서 나오는 예수님의 모습을 정리해 보십시오.

_____

_____

2 예언의 말씀을 듣고 읽고 지키며 기록한 사람은 복이 있습니다. 왜 말씀이 우리에게 축복이 되는지 그 이유를 말해 보십시오.

_____

_____

 삶의 적용

1 나는 말씀을 얼마나 듣고 읽고 지키면서 살고 있습니까?

_____

_____

2 나는 예수님을 어떻게 이해하고 믿고 있습니까? 요한과 같이 주님을 만난 체험이 있습니까?

_____

_____

처음과 나중이신 예수님

세상의 중심은 누구일까요? 누구를 중심으로 세상의 역사가 움직일까요? 그것은 예수님이십니다. 이 땅에 오신 예수님은 하나님이 인간의 몸을 입고 오신 바로 그 하나님이셨습니다. 그분은 태초부터 계셨던 분으로 앞으로 오실 심판주이기도 하십니다.

모든 것은 예수님을 중심으로 움직입니다. 세상 사람들은 자기 스스로 왕이 되어 만왕의 머리되신 예수님을 거부합니다. 그리고 자신이 모든 것을 주도하려고 합니다. 이것이 인간의 죄악된 모습입니다. 창세 이후부터 인간은 하나님이 주인되심을 거절하며 자기가 하나님을 대신하려 했습니다. 대표적인 예가 세상의 임금들입니다. 힘과 권력을 가진 세상의 임금들은 자기 스스로 신이라 칭하면서 신의 지위를 누렸습니다. 그리고 하나님의 백성을 핍박했습니다.

요한계시록을 쓸 당시는 로마가 세계를 지배한 시대였습니다. 로마 황제는 신이라 칭함을 받으면서 신의 지위를 누렸습니다. 그 속에서 예수님을 주로 믿는 기독교인들은 고난과 죽음을 당했습니다.

요한계시록은 이런 상황에서 세상의 중심이 세상의 왕이 아닌 예수 그리스도임을 증거하고 있습니다. 소아시아에 있는 일곱 교회에게 오직 예수 그리스도를 믿고 의지해야 함을 강조하고 있습니다. "두려워 말라. 나는 처음이요 나중이니"(계 1:17)라는 메시지는 오늘 우리가 들어야 할 메시지입니다.

02

이런 교회,
저런 교회

"그러므로 어디서 떨어졌는지를 생각하고 회개하여 처음 행위를 가지라
만일 그리하지 아니하고 회개하지 아니하면 내가 네게 가서
네 촛대를 그 자리에서 옮기리라." (계 2:5)

열린 마음

● 교회는 아주 다양합니다. 우리 주위에도 다양한 교회들이 있습니다. 어떤 교회가 좋은 교회인지 알 수 있는 조건을 말해 보십시오.

1)

_____

2)

_____

3)

_____

말씀 먹기

● 요한계시록 2:1-11을 읽고 다음 질문에 답해 보세요.

요한계시록 2-3장은 일곱 교회를 향한 메시지를 담고 있습니다. 요한계시록의 중심은 예수 그리스도입니다. 그리고 이 주님은 교회와 긴밀하게 연결이 되어 있습니다. 본문은 주님이 얼마나 교회를 사랑하는지 강조하고 있습니다.

1 에베소 교회에게 전한 주님의 칭찬의 메시지는 무엇입니까? (1-3)

_____

2 에베소 교회가 잘못한 것은 무엇입니까? (4)

3 에베소 교회가 잘못한 행위를 해결하는 방법은 무엇입니까? (5)

4 에베소 교회가 잘하는 일은 무엇입니까? (6)

5 이기는 사람에게 주님은 무엇을 주십니까? (7)

6 서머나 교회는 지금 어떤 어려움을 당하고 있습니까? (8-9)

7 고난을 당하는 서머나 교회에게 주시는 주님의 위로의 메시지는 무엇

입니까? (10)

_____

_____

8 이기는 자에게 주시는 주님의 복은 무엇입니까? (11)

_____

_____

 생각해 보기

1 좋은 믿음은 첫사랑을 끝까지 유지하는 것입니다. 에베소 교회가 첫
  사랑의 감격을 잃어버린 이유는 무엇입니까? 끝까지 충성하는 것이
  왜 어렵습니까?

_____

_____

💡 Tip 믿음은 첫사랑을 잊어버릴 때 식어집니다. 첫사랑은 우리를 구원해 주신 주
님의 은혜입니다. 믿음은 그 힘으로 살아가는 것입니다. 하나님께서 처음에 나를 구
원해 주신 그 사랑에 늘 감격하며 그 힘으로 살아갈 때 교회는 위대한 힘을 발휘할
수 있습니다. 교회의 시작은 주님이십니다. 그리고 교회의 마침도 주님이십니다.

2 서머나 교회와 빌라델피아 교회는 책망과 경고가 없습니다. 에베소
  교회와 다르게 서머나 교회는 외적으로는 초라한 교회였습니다. 그럼

에도 서머나 교회를 주님이 칭찬하신 이유는 무엇입니까?

_____

_____

💡 **Tip** 서머나 교회는 외적으로 보기에는 환난과 궁핍을 당하는 초라하고 작은 교회입니다. 그러나 실상은 부요한 교회입니다. 고난을 두려워 말고 죽도록 끝까지 충성하면 생명의 면류관을 준다고 칭찬했습니다. 우리도 고난을 이기며 믿음을 끝까지 지키는 것이 중요합니다.

 ## 삶의 적용

1 나는 주님과의 첫사랑을 지금 얼마나 유지하고 있습니까?

_____

_____

2 나는 외적인 모습으로 신앙 생활을 하지는 않습니까? 외적으로 화려하고 보기 좋은 것을 쫓는 신앙은 아닌지 점검해 보십시오. 본질을 쫓는 신앙 생활을 위해서 내가 가져야 할 것은 무엇입니까?

_____

_____

진정으로 부요한 사람은?

진실한 믿음은 어디서 오는 것일까? 그것은 어려운 환경 속에서도 주님을 끝까지 믿고 그분을 따라가는 데서 생깁니다. 믿음은 고난이 없으면 증명될 수 없습니다. 고난은 믿음이 있음을 구분하는 증거입니다. 고난이 있다는 것은 내가 믿음이 있음을 보여주는 기회가 됩니다.

환경의 윤택함이나 안락함은 믿음을 타락하게 만듭니다. 하나님을 의지하기보다는 환경을 의지하게 만들고, 보이지 않는 하나님을 바라보기보다는 눈에 보이는 세상을 바라보게 합니다.

우리도 서머나 교회와 같은 믿음이 필요합니다. 세상적으로 보면 아무런 소망이 없는 연약한 상황이라도 포기하지 말고 하나님을 바라보면 위대한 신앙인이 될 수 있습니다. 주님은 그런 사람을 실제로 부요한 사람이라고 말합니다.

하나님의 평가는 사람의 평가와 다릅니다. 주님이 나의 우선순위가 되는 것, 그것이 하나님이 원하는 믿음입니다. 오직 하나님만이 나의 소망이라고 믿고 어려움을 이겨 나가는 그리스도인을 하나님은 가장 부요한 사람이라고 말합니다.

나는 무엇으로 부요합니까? 하나님입니까? 아니면 세상의 부요함입니까?

03

서로 다른 두
교회 모습

"내가 내 행위를 아노니 네가 차지도 아니하고 뜨겁지도 아니하도다
네가 차든지 뜨겁든지 하기를 원하노라." (계 3:15)

 **열린 마음**

● 교회는 그리스도인들의 모임입니다. 그리스도인의 모습은 다양합니다. 좋은 그리스도인이 곧 좋은 교회를 만듭니다. 교회와 그리스도인을 타락하게 만드는 요인은 무엇입니까?

_____

_____

 말씀 먹기

● 요한계시록 3:7-22을 읽고 다음 질문에 답해 보세요.

빌라델피아 교회는 하나님께 칭찬을 받고 라오디게아 교회는 책망을 받았습니다. 이것은 서머나 교회와 사데 교회와도 같습니다. 본문은 어떤 교회가 좋은 교회가 되며, 또 좋은 그리스도인의 삶을 살고 있는지 잘 말해 주고 있습니다.

1 빌라델피아 교회에게 주시는 주님의 말씀은 무엇입니까? (7-8)

_____

_____

2 빌라델피아 교회는 어떤 면에서 칭찬받을 만합니까? (9-11)

_____

3 이기는 자에게 주시는 하나님의 축복은 무엇입니까? (10-13)

4 주님은 어떤 분이십니까? (14)

5 라오디게아 교회는 주님이 보실 때 어떤 점에서 문제가 있습니까? (15-16)

6 라오디게아 교회는 부유했습니다. 당시 라오디게아 교회의 상태를 말해 보십시오. (17)

7 주님이 주시는 교회의 해결책은 무엇입니까? (18-19)

8 자기만족에 빠진 라오디게아 교회는 주님을 문 밖으로 밀어내는 상황이 되었습니다. 밖으로 밀려난 주님은 어떤 모습으로 기다리고 계십니까? (20)

_____

_____

9 이기는 사람에게 주시는 하나님의 축복은 무엇입니까? (21-22)

_____

_____

 ## 생각해 보기

1 일곱 교회 중에서 빌라델피아 교회는 서머나 교회처럼 책망이 없는 교회였습니다. 빌라델피아 교회 역시 척박한 상태였습니다. 내세울 것 없는 작은 교회였습니다. 그럼에도 하나님을 배반하지 않고 믿음을 잘 지켰습니다. 하나님이 보시는 것과 사람이 보는 것의 차이점은 무엇입니까? (참고, 막 12:43, 삼상 16:7)

_____

_____

💡 Tip 빌라델피아 교회는 적은 능력을 가지고도 주님의 말씀을 지키며 하나님을 배반하지 않았습니다. 그런 이유로 주님은 빌라델피아 교회를 칭찬했습니다. 적은 능력이라는 말은 교회의 형편이 미약한 것을 의미합니다. 가진 것이 적고 초라하지만 빌라델피아 교회가 가진 믿음은 신실했습니다. 하나님은 말씀을 지키며 주님을

끝까지 믿는 사람을 귀하게 봅니다. 외모로 보는 사람의 판단과는 다릅니다.

2 라오디게아 교회는 하나님께 책망받은 교회였습니다. 그 이유는 자기
만족에 빠져 있었기 때문입니다. 경제적인 부유함이 그렇게 만들었습
니다. 그래서 미지근한 신앙생활을 했습니다. 사람이 부유함과 자기만
족에 빠지면 하나님을 잘 보지 못하게 되는데 그 이유는 무엇입니까?

_____

_____

💡 Tip 라오디게아 교회는 빌라델피아 교회와 다르게 부유한 교회입니다. 이것이
라오디게아 교회를 거짓된 포만감으로 잠들게 했습니다. 외적으로는 화려한 것 같았
지만 실상은 죽은 교회였습니다. 가난하고 눈먼 것을 알지 못하므로, 안약을 사서 눈
에 발라 자기의 수치를 보아야 할 정도의 문제를 지니고 있었습니다. 외적인 부유함
보다 가난한 심령을 갖는 것이 더 큰 복인 것을 아십니까?

요한계시록의 소아시아 일곱 교회

 삶의 적용

1 나는 작은 것에도 얼마나 감사하며 하나님을 섬기며 살아가고 있습니까?

_____

_____

2 사람은 세상의 부요함을 누리다 보면 자신도 모르게 하나님과 멀어질 수 있습니다. 고난은 오히려 하나님을 간절히 찾는 기회가 됩니다. 나에게 지금 하나님을 멀리하게 하는 것은 없는지 찾아보십시오.

_____

_____

왜 안 보였을까?

영적 삶에서 가장 위험한 것이 무엇인지 이십니까? 그것은 자기만족에 취해 있는 것입니다. 이런 사람은 더 이상 하나님이 필요 없습니다. 영적으로 죽은 것은 치유가 힘든, 병 중의 병입니다. 영혼이 잠들어 있는 사람은 하나님을 자각하지 못하고 이웃의 아픔에 관심이 없습니다. 하나님을 믿지만 미지근한 상태로 열정을 갖지 못합니다. 이것은 부유할 때 일어나는 현상입니다.

하나님이 없이도 살 수 있는 상태가 되면 우리는 하나님을 간절히 찾지 않게 됩니다. 이웃의 아픔과 고통이 남의 일처럼 들립니다. 그러나 내가 고난을 당하면 이웃의 아픔이 남의 일처럼 생각되지 않습니다.

자기를 진정으로 발견하려면 자신의 눈이 열려야 합니다. 하나님의 기준에서 자기의 벌거벗은 모습을 발견할 때 하나님만 의지하게 됩니다. 편안한 가운데 하나님을 잘 믿는 것은 정말 힘듭니다.

그런 의미에서 우리에게 닥치는 고난과 어려움은 하나님을 잘 섬길 수 있는 기회입니다. 이런 고난이 없다면 어떻게 하나님 앞으로 나아갈 수 있겠습니까?

나는 어떤 신앙 생활을 원합니까? 세속적 부요를 편안하게 누리면서 신앙 생활하기를 바라지 않습니까? 라오디게아 교회처럼 말입니다.

04

하늘 전망대

"또 보좌에 둘러 이십사 보좌들이 있고 그 보좌들 위에 이십사 장로들이
흰옷을 입고 머리에 금관을 쓰고 앉았더라." (계 4:4)

🌸 열린 마음

● 지금까지 내가 오른 산 중에서 가장 높은 산은 어디였습니까? 거기서 바라본 아래의 모습은 어떠했는지 말해 보십시오.

_____

_____

🌸 말씀 먹기

● 요한계시록 4:1-11을 읽고 다음 질문에 답해 보세요.

요한계시록 4-5장은 하늘 보좌에서 펼쳐지는 장면을 그리고 있습니다. 이것은 앞으로 전개될 요한계시록의 전망대 역할을 합니다. 이것은 당시의 교회와 그리스도인들이 박해받는 상황 속에서 하늘의 모습을 보면서 승리하게 하려는 의도가 있습니다. 이 부분은 요한계시록 전체를 이해하는 데 중요한 부분입니다.

1 요한은 성령에 사로잡혀 하늘 보좌의 모습을 보게 됩니다. 어떤 모습인지 말해 보십시오. (1-3)

_____

_____

2 하늘 보좌 주위에 스물네 명의 장로들이 있는데 그들의 모습은 어떠합니까? (4-5)

3 보좌 가운데와 그 둘레에는 앞뒤에 눈이 가득 달린 네 생물이 있었습니다. 어떤 모습입니까? (6-7)

4 네 생물의 날개에는 어떤 모양을 하고 있습니까? 그들이 밤낮 쉬지 않고 외치는 소리를 말해 보십시오. (8)

5 네 생물은 하늘 보좌에 앉아 계신 분에게 무엇을 하고 있습니까? (9)

6 이때 스물네 장로들은 무엇을 하고 있습니까? 이들이 외친 말은 무엇입니까? (10-11)

🍇 생각해 보기

1 하늘 보좌에 앉으신 이는 하나님이십니다. 특히 무지개가 그 주위에 둘려 있는데 이것은 어떤 의미가 있습니까? (참고, 창 9:12-13). 요한에게 이것을 보여준 이유는 무엇입니까?

_____

_____

> 💡 **Tip** 무지개는 노아의 언약을 연상하게 합니다. 이것은 하나님의 언약을 말하는 것으로 신실하게 말씀을 지키시는 분으로 이해할 수 있습니다. 하나님은 자신의 백성을 끝까지 지키고 계십니다. 약속을 지키시는 하나님을 보여주고 있습니다.

2 보좌 주변에 있는 스물네 장로는 누구를 의미합니까? 이들이 하는 일은 무엇입니까?

_____

_____

> 💡 **Tip** 스물네 장로들은 교회 공동체를 의미합니다. 스물네 장로가 입은 흰옷과 면류관은 교회의 존재를 드러내고 있습니다. 하나님의 선택된 백성들은 하늘나라에서 하나님을 보좌하는 위치에 있는 사람으로, 세상의 어떤 지위보다 뛰어납니다. 이런 것을 생각한다면 교회의 한 일원이 된다는 것은 가장 축복된 일입니다. 이들은 하나님을 경배하고 찬양하는 일을 합니다. 하나님을 높이는 일은 그리스도인이 해야 할 최상의 일입니다.

3 네 생물들은 누구를 의미합니까? 이들이 하나님을 밤낮 쉬지 않고 찬양하는 모습은 우리에게 어떤 교훈을 가르쳐 주고 있습니까?

 삶의 적용

1 나는 이 세상을 바라보면서 살아갑니까? 아니면 우리가 갈 하늘나라를 보면서 살아갑니까?

2 내 삶의 목표는 무엇입니까? 나를 만물의 영장으로 만든 의미를 얼마나 알고 실천합니까?

우리의 꿈은?

　그리스도인은 이 세상이 아닌 하나님나라를 바라보고 살아가는 사람입니다. 그리스도인은 세상의 성공보다는 하나님나라에서의 성공을 원합니다. 믿음의 사람의 관심은 늘 하나님나라였습니다. 그런 소망을 가졌기에 세상에서 고난을 능히 이길 수 있었습니다. 초대교회와 초대 그리스도인들은 세상의 나라가 아닌 하나님나라를 소망했던 사람들입니다. 우리의 희망은 세상이 아닌 하나님나라입니다.

　얼마나 하나님나라를 품고 사느냐에 따라 이 세상에서의 삶을 얼마나 긍정적으로 살 수 있는가가 보입니다. 진정한 긍정은 하나님나라를 바라보는 데서 옵니다. 비록 암울한 세상이지만 좌절하지 않고 사는 것은 하나님나라에 대한 꿈이 있기 때문입니다. 하나님나라를 보면 이 세상의 고난은 아주 작게 보입니다. 그러나 하나님나라를 바라보지 못하면 세상에서 당하는 고난은 아주 크게 보입니다.

　세상을 이기는 힘은 세상을 어떻게 극복하여 1등을 쟁취하느냐에 있지 않습니다. 그것은 나중에 주님 앞에 설 때 어떤 얼굴로 바라볼 것인가를 생각하며 그 모습대로 살아가는 것입니다.

　지금 나의 주변이 답답합니까? 그렇다면 지금 저 하늘을 바라보십시오. 그리고 그분 앞에 설 날을 생각하며 오늘 일에 최선을 다 하십시오.

05

재앙과 구원

"내가 인침을 받은 자의 수를 들으니 이스라엘 자손의 각 지파 중에서
인침을 받은 자들이 십사만 사천이요." (계 7:7)

열린 마음

● 이 세상은 저주와 축복이 교차합니다. 또한 재앙과 구원, 두 가지가 있습니다. 재앙과 저주를 좋아하는 사람은 없습니다. 그럼에도 사람들은 저주와 재앙의 길로 갑니다. 왜 그렇다고 생각합니까?

_____

_____

말씀 먹기

● 요한계시록 6:1-7:4을 읽고 다음 질문에 답해 보세요.

요한계시록 6-16장은 '일곱 재앙 시리즈'로, 요한계시록의 중심부를 차지하고 있습니다. 일곱 사람(6-8:5), 일곱 나팔(8:6-11:19), 일곱 대접(15:5-16:21) 등이 계속 이어지는 가장 어려운 부분입니다.

요한계시록 6:1에 나오는 두루마리의 개봉은 로마 제국의 멸망을 알리는 것을 의미합니다. 첫 번째 일곱 사람의 개봉이 나오는데 이것은 그리스도인과 교회를 핍박하던 로마가 결국 멸망하게 되는 것을 상징합니다. 그런 외중에도 인침을 받은 144,000명은 구원을 받습니다. 아무리 하나님의 심판이 무서워도 선택된 하나님의 백성은 구원받는다는 것을 말하고 있습니다.

1 두루마리의 봉인된 것을 떼는 장본인은 누구입니까? (1, 3, 5, 7, 9, 12)

_____

2 로마에 내리는 재앙과 고통을 상징하는 여섯 가지 인의 내용을 정리
해 보십시오. (1-17)

인 재앙	의미	내용
첫째 인(1-2절)	전쟁	
둘째 인(3-4절)	내란	
셋째 인(5-6절)	기근	
넷째 인(7-8절)	사망	
다섯째 인(9-11절)	순교자의 고통	
여섯째 인(12-17절)	땅과 우주적 재앙	

3 재앙은 진행되면서 점차 무섭게 나타납니다. 여섯 번째 재앙은 클라
이맥스와도 같은데 이때 사람들의 반응은 무엇입니까? (15-17)

4 요한은 마지막 일곱째 인 재앙이 나타나기 전 중간 부분(삽입)에 핍박
당하고 있던 당시 하나님 백성의 모습을 그리고 있습니다. 그것은 무
엇입니까? (7:1-4)

🌸 생각해 보기

1 하나님을 거역하는 사람들에게 하나님은 진노와 심판을 내리십니다. 죄를 지은 사람은 어린양의 진노를 피할 수 없습니다. 그럼에도 세상 사람들은 계속 하나님을 거역하며 복음을 거부하는 이유는 무엇입니까? 하나님 없는 사람의 마지막은 하나님의 진노입니다. 이들을 향해 우리가 보여야 할 사랑의 모습은 무엇입니까?

_____

_____

💡 **Tip** 하나님을 거부하는 악한 사람들 중에는 복음을 듣지 못한 사람과 복음을 듣고도 그것을 거부하는 사람들이 있습니다. 복음을 듣지 못한 사람들에게는 복음을 전하는 것이 우선입니다. 그리고 복음을 듣고도 계속 거부하는 사람에게는 하나님의 자비하심으로 끝까지 선을 행하는 것입니다.

2 하나님의 진노 속에서 교회는 순교하게 됩니다. 순교의 수가 차기까지 교회는 박해와 죽음의 상황을 겪게 됩니다. 하나님의 백성도 하나님의 재앙 속에서 고난을 당하게 되는데 그것은 순교입니다. 왜 하나님은 의인과 교회를 살려 주시지 않고 그대로 순교하게 하십니까?

_____

_____

💡 **Tip** 그리스도인 모두가 순교할 수는 없습니다. 순교도 하나님이 허락해야 합니다. 내 마음대로 안됩니다. 이것은 모두가 순교하라는 것이 아니라 순교의 정신으로 살아가라는 의미로 이해할 수 있습니다. 순교의 피가 지금의 한국교회를 이렇게 성장하게 했습니다.

3 인침을 받은 144,000명이란 무엇을 의미합니까?

_____

_____

💡 **Tip** 144,000명의 숫자는 하나님의 백성을 의미합니다. 어떤 특별한 집단이 아닌 하나님을 믿는 교회를 말합니다. 예수 믿는 모든 사람은 이 숫자에 해당됩니다. 하나님의 진노와 재앙에서 구원받은 사람들을 의미합니다. 12 x 12 x 1000=144,000입니다.

 ## 삶의 적용

1 나와 가까운 사람들 중에 하나님을 믿지 않는 사람들을 말해 보십시오. 나는 그들을 얼마나 불쌍하게 생각하며 전도에 힘쓰고 있습니까. 하나님의 진노하심을 생각하면서….

_____

_____

2 나는 하나님의 구원받은 사람이란 확신이 있습니까? 구원의 확신이 있습니까?

_____

_____

누가 144,000명인가?

이 세상의 모습을 보면 이해 못할 것이 많습니다. 예를 들면 악한 사람이 부유하고 강성해지는 일입니다. 또 악한 사람이 선한 사람을 핍박하고 고통을 주는 일도 많이 있습니다. 그런 걸 볼 때마다 우리는 '정말 하나님이 계신가?' 하는 의문을 갖게 됩니다. 그러나 그렇지 않습니다. 인간의 눈으로 보기에는 악이 번성하는 것 같아도 결국 악은 패망합니다. 이것은 하나님이 살아 계시다는 증거입니다. 다만 인간의 때가 아닌 하나님의 때에 이루어지므로 인간의 그것을 보지 못할 뿐입니다.

하나님의 자녀는 이미 하나님이 구원을 하셨기에 사단이 멸망시킬 수 없습니다. 그리스도의 피를 믿는 사람은 누구든지 영원한 생명을 얻게 됩니다. 그런 사람에게는 이미 그리스도의 피가 인쳤기에 어느 누구도 그를 해할 수 없습니다.

요한계시록에 나오는 144,000이란 숫자는 완전수로서 이스라엘 백성을 의미합니다. 로마제국은 멸망하고 유대인은 구원을 받는다는 것을 하나님이 보여주는 상징적인 의미입니다. 종종 144,000을 숫자 그대로 받아들여 자기들의 집단에만 적용하는 예가 있습니다. 이것은 이단이나 사이비들이 주장하는 것으로, 자기들 집단에 들어와야만 구원을 받는다고 말하고 그 증거로 144,000명을 사용합니다.

그러나 이것은 잘못된 해석입니다. 성경은 이스라엘 사람들만을 위해 기록된 책이 아닙니다. 이스라엘을 모델로 하여 아브라함과 함께 의롭게 된 모든 그리스도인에게 해당됩니다. 144,000명도 그렇게 보는 것이 합당합니다.

나는 하나님의 인침을 받은 영생을 얻은 자녀임을 확신합니까?

06

짐승의 수, 666

"누구든지 이 표를 가진 자 외에는 매매를 못하게 하니 이 표는 곧 짐승의 이름이나
그 이름의 수라 지혜가 여기 있으니 총명한 자는 그 짐승의 수를 세어 보라
그것은 사람의 수니 그의 수는 육백 육십육이니라." (계 13: 18)

열린 마음

● 다음 질문에 답해 보십시오.

—나는 사단이 존재한다고 믿습니까?

―――――――――――――――――――――

—존재한다고 믿는다면 사단을 본 적이 있습니까?

―――――――――――――――――――――

—사단은 어떻게 활동하는지 말해 보십시오.

―――――――――――――――――――――

—사람들은 왜 사단의 유혹에 잘 빠지는 것일까요?

―――――――――――――――――――――

🌺 말씀 먹기

● 요한계시록 13:1-18을 읽고 다음 질문에 답해 보세요.
  13장은 용의 하수인 격인 바다에서 올라온 짐승과 땅에서 올라온 짐
  승의 도전과 교회 공동체의 응전에 대한 권면이 소개되고 있습니다.

세상의 왕들과 하나님의 교회와의 영적 전투를 묘사하고 있습니다. 악한 이들의 도전에 대해 교회가 당당하게 응전하고 있는 모습을 그리고 있습니다.

1 요한은 바다에서 올라오는 짐승을 보았는데 그 짐승의 모습은 어떠했습니까? (1-2)

_____

_____

2 바다에서 올라온 짐승은 용에게 권세를 부여받습니다. 세상은 그를 어떻게 대했습니까? (3-4)

_____

_____

3 짐승은 하나님을 어떻게 했습니까? 그리고 무엇을 부여받았습니까? (5-7)

_____

_____

4 세상에서 그 짐승에게 누가 경배를 하게 됩니까? 짐승을 따르는 사람들의 결과는 어떻게 됩니까? 이때 성도들이 가져야 할 자세는 무엇입니까? (8-10)

5 땅에서 올라온 짐승의 모습을 그려 보십시오. (11-13)

6 허락받은 기적들을 미끼로 땅 위에 사는 사람들을 어떻게 했습니까?
   (14-15)

7 이들은 사람들의 이마에 무엇을 받게 했습니까? 이것을 통해서 하고
   자 하는 것은 무엇입니까? (16-17)

8 짐승의 숫자는 무엇입니까? (18)

🌸 생각해 보기

1 바다에서 올라온 짐승과 땅에서 올라온 짐승은 모두 적그리스도를 상징합니다. 땅과 바다는 악이 나타나는 장소로 사용되고 있습니다. 이들은 기적과 능력을 행하면서 사람들을 자기 하수인으로 삼습니다. 그리고 하나님을 거역합니다. 이들의 계략에 미혹당하지 않기 위해서 우리는 어떻게 해야 합니까?

_____

_____

💡 **Tip** 세상을 이기는 것은 우리의 믿음입니다. 하나님에 대한 분명한 믿음을 가질 때 우리는 그 믿음으로 이길 수 있습니다. 우리의 힘으로는 세상을 이긴다는 것은 불가능합니다. 말씀을 통해 거짓된 것을 분별하며 하나님이 주신 약속을 더욱 강하게 붙잡는 것이 중요합니다.

2 요한은 영적 분별력을 가지고 666 숫자를 깨달으라고 말하는데 이것은 무엇을 상징합니까?

_____

_____

💡 **Tip** 짐승의 숫자는 666입니다. 666은 실제적인 숫자라기보다는 상징적인 숫자입니다. 666에서 6은 사람의 숫자입니다. 하나님의 숫자는 7인데 그것에서 하나가 부족한 숫자를 의미합니다. 그것은 거짓 선지자로, 인간의 실패를 상징합니다. 이들은 잠시는 성공하는 듯하지만 결국은 실패합니다.

🌰 삶의 적용

1 사단의 하수인들은 우리를 유혹합니다. 세상의 힘을 사용하여 그럴싸
하게 다가와 자기를 섬기게 합니다. 돈과 권력과 성공 등으로 우리를
현혹합니다. 내가 빠지기 쉬운 약한 것은 무엇입니까?

_____

_____

2 사단의 전략을 이해한다면 그들을 이길 수 있습니다. 가짜를 알기 위
해서는 진리를 잘 알아야 합니다. 나는 얼마나 진리를 배우며 그 안
에 거하려고 힘씁니까?

_____

_____

세 짐승과 666

실패의 숫자를 조심하라

　요한계시록에서 짐승은 적그리스도와 거짓 선지자 등으로 이해할 수 있습니다. 이들은 표적과 이적으로 사람을 미혹하여 자신의 하수인으로 삼습니다.

　요한계시록 7장에는 하나님의 백성이 인침을 받는 장면이 나오는데, 그 숫자가 144,000명입니다. 요한계시록 13장에는 짐승의 수인 666이 나옵니다. 이것은 서로 대적관계입니다. 하나님의 백성에 대한 도전으로 짐승의 숫자가 등장하는 구조로 보면 되겠습니다.

　우리는 여기서 666이나 144,000이란 숫자를 암호 풀이로 이해하는 것은 바람직하지 않습니다. 이것은 상징적인 숫자로, 일종의 은어라고 보면 됩니다. 6은 사람의 수라고 말할 수 있습니다. 반면에 7은 하나님의 숫자입니다. 하나님의 숫자인 7에 하나 부족한 숫자가 6입니다. 7은 완전하지만 6은 불완전을 상징합니다. 666은 실패를 상징하는 숫자입니다.

　짐승의 숫자 666은 두려워할 숫자가 아닙니다. 그들은 이미 실패한 존재입니다. 그리스도인은 그들을 두려워해서는 안됩니다. 하나님의 인치심을 확신하며 끝까지 믿음으로 인내하는 것이 중요합니다. 그리스도인은 분별력을 가지고 더 이상 허상에 속지 말아야 합니다.

　오늘날에도 666과 같은 짐승의 수가 얼마나 많이 있습니까? 그럴듯한 모습으로 사람인들을 현혹시키며 자기들의 종으로 삼고자 하는 세상의 풍조와 유행과 권력과 재물 등이 오늘날의 666일 수 있습니다. 그것을 쫓는 사람은 결국은 허망하게 사라지고 실패하게 될 것입니다.

07

최후의 심판
-대접재앙

"또 내가 들으니 제단이 말하기를 그러하다 주 하나님 곧 전능하신 이시여
심판하시는 것이 참되시고 의로우시도다 하더라." (계 16:7)

 열린 마음

● 세상의 마지막에 하나님의 심판이 있다는 것을 무엇을 통해 믿을 수 있습니까? 아직 심판이 이르지 않았기에 어떻게 나타날지 모르지만 간접적으로 그것을 미리 알 수 있는 주변의 예들을 말해 보십시오.

_____

_____

 말씀 먹기

● 요한계시록 16:1-21을 읽고 다음 질문에 답해 보세요.

16장은 재앙 시리즈 마지막 부분인 대접재앙을 다루고 있습니다. 대접재앙이 끝나면 계시록의 마지막은 악의 도성인 바벨론의 멸망과 어린양의 신부인 예루살렘의 완성으로 막을 내립니다. 대접 재앙은 끝까지 하나님을 거역하는 사람들에 대한 주님의 진노를 보여주고 있습니다.

1 요한이 본 성전에서 나온 큰 음성의 말은 무엇입니까? (1)

_____

_____

2 대접재앙의 모습을 정리해 보십시오. (2)

대접재앙	구절	모습
첫 번째	2	
두 번째	3	
세 번째	4	
네 번째	8-9	
다섯 번째	10-11	
여섯 번째	12-16	
일곱 번째	17-21	

3 셋째 천사가 말한 이런 하나님의 심판의 정당성은 무엇입니까? (5-6)

4 계속되는 재앙에도 불구하고 사람들은 어떤 반응을 보입니까? (9, 11, 21)

5 더러운 세 영은 어떤 것이며 그들이 모이는 장소는 어디입니까? (13-16)

1 하나님의 계속되는 심판에도 불구하고 세상 사람은 하나님을 모독하고 회개하지 않습니다. 오히려 하나님께 영광을 돌리기보다 이 세상의 왕을 섬깁니다. 아마겟돈에 모이는 이 세상의 왕들의 모습은 미래의 어떤 모습을 그려 주고 있습니까? (참고, 삿 5:19)

_____

_____

Tip 아마겟돈은 히브리어로 '하르'와 '므깃도'라는 지명의 합성어입니다. 이곳은 구약의 격전지로서 사람들은 여기가 지구의 마지막 전투 장소가 될 것이라고 말하기도 합니다. 이것은 주님의 날에 임할 하나님의 심판을 의미합니다.

2 하나님이 인류에게 내리는 최종적인 심판은 어떤 모습입니까? 이것을 통해 깨닫는 영적 교훈은 무엇입니까?

_____

_____

Tip 지구상에 내릴 하나님의 마지막 심판의 모습은 창세 이래로 본 적이 없는 지진이 일어나게 되고 지구가 파괴되는 상황이 생길 것입니다. 하늘에서 큰 우박 내리고 지구는 하나님의 재앙으로 완전히 파멸하게 됩니다. 그럼에도 악한 인간들은 하나님을 거절하고 모독하는 일을 계속 자행할 것입니다.

삶의 적용

1 나로 하여금 하나님을 경배하지 못하게 하는 것은 어떤 것입니까?

2 나는 하나님의 심판을 생각하면서 하루하루를 어떻게 살아야 할지 말해 보십시오.

로마 카타콤의 예수 그리스도 상징

재앙을 당할 때…

하나님의 재앙을 당할 때에 반응하는 두 종류의 사람이 있습니다.

한 사람은 회개하고 돌아오는 사람입니다. 이런 사람은 하나님의 선택하심을 입은 사람입니다. 하나님의 재앙은 우리를 심판하기 위해서이기보다는 우리를 구원하기 위함입니다. 이것을 안다면 재앙을 당할 때 우리는 자신을 돌아보고 하나님 앞에 회개하는 기회로 삼아야 합니다.

또 한 사람은 재앙을 당하면 더욱더 하나님을 멀리하고 강퍅하게 되는 사람입니다. 하나님께 열 가지 재앙을 받았던 바로와 같은 사람이 그 예입니다. 하나님의 의도와는 다르게 정반대로 회개를 거절하고 악을 행하는 사람들이 있습니다. 고통을 당했기에 인생의 의미를 아는 사람도 있지만 그 고통으로 인해 미움과 원망과 한을 더 크게 품는 사람들이 있습니다.

하나님이 주시는 재앙은 우리의 단단한 마음을 부드럽게 하기 위함입니다. 그러나 더욱 강퍅하게 되는 사람도 있습니다. 요한계시록의 마지막 재앙인 대접재앙은 하나님을 끝까지 거부하는 사람들에게 내리는 하나님의 심판입니다. 하늘에서 임하는 이런 재앙은 지금까지 본 적이 없는 무서운 것입니다. 지구를 완전히 파괴하는 그런 재앙입니다. 그것은 하나님을 끝까지 거부하는 사람들에게 임하는 재앙입니다. 그것을 통해 하나님의 공의가 드러나게 됩니다. 재앙은 하나님의 사랑이면서 심판입니다.

나는 재앙을 당할 때 어떤 자세를 취합니까? 하나님께 엎드립니까? 아니면 세상과 하늘을 원망합니까?

08

바벨론의 애가

"하늘의 성도들아 사도들과 선지자들아 그로 말미암아 즐거워하라
하나님이 너희를 위하여 그에게 심판을 행하셨음이라 하셨더라." (계 18:20)

열린 마음

● 악한 세상은 결국 멸망합니다. 하나님을 거역했던 거대한 고대 제국
은 모두 사라졌습니다. 예를 들면 애굽 · 바벨론 · 앗수르 · 페르시아 ·
헬라 · 로마 등 모든 나라는 멸망당했습니다. 이런 역사적 사건을 통
해 느끼는 교훈을 말해 보십시오.

_____

_____

말씀 먹기

● 요한계시록 18:1-20을 읽고 다음 질문에 답해 보세요.
  요한계시록 17장과 18장은 바벨론(로마)의 멸망에 대해 다루고 있습
  니다. 17장이 음녀로서의 바벨론의 파괴적인 모습을 다루고 있다면,
  18장은 도시로서의 바벨론에 초점을 맞추어 바벨론이 멸망한 원인
  과 결과, 그리고 그에 대한 애가를 다루고 있습니다. 하나님의 백성
  을 괴롭게 했던 바벨론의 통곡 소리를 듣게 됩니다.

1 바벨론을 향한 천사의 외침은 무엇입니까? (1-2)

_____

_____

2 바벨론이 무너진 이유는 무엇입니까? (3)

3 바벨론의 가장 큰 죄는 무엇입니까? (5) 구체적인 바벨론의 죄를 말해 보십시오. (4-8)

4 바벨론과 결탁된 사람들은 바벨론의 멸망에 대하여 애가를 부르고 있습니다. 그들이 부르는 애가를 말해 보십시오. (9-10)

5 세상의 상인들이 바벨론의 파멸을 보고 슬퍼하는 이유는 무엇입니까? (11-13)

6 바벨론 때문에 부자가 된 상인들은 바벨론의 파멸을 보고 어떻게 슬퍼하고 있습니까? (14-19)

7 하나님의 백성들을 향한 하나님의 촉구는 무엇입니까? (4, 20)

🌸 생각해 보기

1 세상의 제국은 아무리 화려해 보여도 결국은 멸망합니다. 이 세상의 성공은 외적으로 화려한 것 같아도 나중에는 파멸하고 맙니다. 그 이유는 무엇입니까?

> 💡 Tip 외적으로 화려할수록 내부는 속이 빈 껍데기일 가능성이 많습니다. 무엇이든지 중심이 중요합니다. 중심이 무너지면 결국 사라집니다. 하나님을 향하는 마음이 없으면 그것은 모래 위에 지은 집과 같습니다. 세상의 성공이 이와 같습니다.

2 바벨론이 멸망하면서 바벨론에 매여 살았던, 즉 그 힘으로 부유와 권세와 안락을 누렸던 사람들도 함께 모든 것을 잃게 되면서 파멸에 이르게 됩니다. 이들의 역사를 볼 때에 우리 인생에 주는 영적 교훈은 무엇입니까?

💡**Tip** 도저히 안 무너질 것 같았던 애굽과 바벨론과 파사와 헬라와 로마의 대제국이 역사 속에서 사라졌습니다. 천년만년 갈 것 같았지만 무너질 때는 순식간에 허물어졌습니다. 하나님은 악을 그대로 보고 계시지 않습니다. 그러므로 하나님을 경외하고 그 말씀대로 실천하면서 사는 것이 가장 큰 복입니다. 이 세상에서는 비록 초라하게 산다 할지라도 그 초라함은 초라함이 아닌 부유함입니다.

 삶의 적용

1 혹시 나는 일시적인 세상의 힘과 화려함을 쫓는 것은 아닙니까?

2 하나님을 의지하지 않고 세상을 의지하며 살고픈 마음이 우리 안에 있습니다. 이것을 제거하기 위해 내가 해야 할 일은 무엇입니까?

무너졌도다! 무너졌도다!

인생을 살면서 한 가지 우리가 알아야 할 중요한 진리가 있습니다. 이것을 깨닫지 못하면 아무리 공부를 잘한다 해도 헛것입니다. 가장 큰 공부는 이런 지혜를 알고 그것을 실천하는 것입니다. 하나님 없는 세상의 운명은 파멸입니다.

요한계시록 18장에 나오는 바벨론은 세상을 상징합니다. 요한계시록을 쓴 당시에는 로마를 상징하고 오늘날은 세상의 권력과 명예와 재물을 의미합니다. 고대의 바벨론은 대단한 나라였습니다. 그 크기와 위용은 엄청났습니다. 우리 눈에 비치는 세상의 모습과도 같은 것입니다. 외적인 화려함, 영광스러움. 찬란함. 눈부심. 성공 등의 모습은 현대인들이 꿈꾸는 일입니다. 남을 죽이고 올라서는 경쟁 속에서 우리는 큰 것에 대한 갈망이 있습니다. 모든 것이 클수록 좋다는 생각으로 사람들은 크고 화려함을 지향합니다.

신앙도 이와 비슷합니다. 하나님이 세운 화려함이 아닌 인공적으로 만든 아름다움은 오래가지 못합니다. 자연을 보면 얼마나 멋있습니까? 그것은 하나님이 만드신 작품입니다. 그러나 크고 화려한 세상의 집들과 도시는 인간들이 만든 조각품과 같은 것입니다. 이런 것에 매료되어 인생을 바치는 사람도 있습니다. 그러나 그것은 더 무너집니다. 이것이 성경이 우리에게 가르쳐 주는 지혜입니다. 무너질 것을 따라가면 안됩니다.

곧 무너질 허망한 것을 쫓지 않고 영원한 하나님을 바라보는 사람이 지혜로운 사람입니다. 세상의 영광이 아닌 하나님을 드러내는 공부를 하는 사람이 가장 행복한 사람입니다.

09

승리의 찬가

"또 그가 피 뿌린 옷을 입었는데 그 이름은 하나님의 말씀이라 칭하더라
하늘에 있는 군대들이 희고 깨끗한 세마포 옷을 입고
백마를 타고 그를 따르더라." (계 19:13-14)

 **열린 마음**

● 그리스도인은 잠시 실패하는 것 같지만 결국은 승리합니다. 왜 그렇다고 보는지 그 이유를 말해 보십시오.

_____

_____

 말씀 먹기

● 요한계시록 19:11-21을 읽고 다음 질문에 답해 보세요.

요한계시록 18장은 슬픈 애가의 내용을 담고 있습니다. 그러나 19장은 기쁜 할렐루야 찬양으로 가득 차 있습니다. 하나님 백성들 앞에 거대하게 버티고 있던 바벨론이 멸망하고 이제 하나님의 통치가 실현된다는 의미에서 찬양이 나옵니다.

1 주님은 어떤 분이십니까? (11)

_____

_____

2 주님을 묘사한 모습을 말해 보십시오. (12)

_____

_____

3 주님은 무슨 옷을 입고 있으며 그분의 이름은 무엇입니까? (13-14)

4 주님은 입으로 어떤 일을 하십니까? 그분의 옷과 넓적다리에는 무슨 글자가 쓰여 있었습니까? (15-16)

5 태양 위의 한 천사가 외쳐 부른 말은 무엇입니까? (17-18)

6 요한이 본 짐승과 세상의 군왕들이 희망을 타고 오신 분과 대항하려고 모였는데 그 내용을 말해 보십시오. (19)

7 결국은 세상을 통치했던 짐승은 붙잡혀 나중에는 어떻게 멸망합니까? (20)

🌸 생각해 보기

1 우리가 세상에서 실패하지 않는 이유는 우리의 행위에 있는 것이 아니라 하나님의 신실하심에 있습니다. 우리는 우리를 향하신 하나님의 신실하심을 어떻게 믿을 수 있습니까?

💡 **Tip** 하나님의 신실하심은 성경 말씀을 통해 우리에게 약속되었습니다. 말씀대로 이루어질 것을 믿고 그 말씀에 순종하는 삶을 살아야 합니다. 우리의 행위가 아닌 하나님의 약속이 우리를 구원하심을 믿어야 합니다.

2 하나님을 거역하던 적대 세력인 짐승은 결국 잡혀 산 채로 유황불에 들어갑니다. 이것을 통해 볼 때 세상에서 우리가 승리하는 삶을 살기 위해서 어떤 믿음을 지녀야 합니까?

💡 **Tip** 하늘에서 어린양과 백마 탄 자가 와서 세상의 적대 세력을 모두 물리칩니다. 짐승의 표를 받고 우상에게 경배하던 자와 표적으로 미혹하던 자들이 산 채로 유황불에 던짐을 받습니다. 우리는 하나님의 자녀들은 결국은 승리한다는 하나님의 말씀을 붙잡고 살아야 합니다. 힘들수록 거룩함을 유지하고 주님의 깨끗한 세마포를 입고 주님을 따르는 삶을 살아야 합니다.

 삶의 적용

1 나는 주님을 올바로 이해하고 신앙 생활을 하고 있습니까? 나에게 특
별히 다가오는 하나님에 대한 믿음을 말해 보십시오.

2 세상 속에서 내가 그리스도인으로서 승리하기 위해서는 어떤 점을 늘
잊지 말고 상기해야 합니까?

예루살렘 원형성전의 천장 모습

어린양의 신부수업

그리스도인이 세상에서 살아가기가 참으로 어렵다는 말을 많이 합니다. 세상은 빛보다 어둠이 많기에 빛으로 산다는 것은 그리 쉽지 않습니다. 어떻게 믿음으로 살 수 있는가? 세상의 불의와 타협하지 않고 올바른 길을 가는 것은 그 자체가 고난이요 힘든 길입니다. 어떤 경우는 즉시 불이익을 당할 수도 있습니다. 세상의 방법을 쫓지 않고 살면 세상 사람들에게 왕따를 당할 수 있습니다. 그래서 혹자는 세상과 적당히 타협하고 사는 것이 필요하다고 말합니다. 그렇지 않으면 세상의 경쟁에서 이길 수 없다고 생각합니다. 과연 그럴까요?

세상을 보면 악랄한 사람이 승리하는 것처럼 보입니다. 진실하게 살면 손해가 옵니다. 그 속에서 믿음을 지키는 것은 정말 어렵습니다. 그러나 믿음의 사람은 인내하면서 살아갈 수밖에 없습니다. 그 이유는 결국은 하나님이 승리하게 하실 것이기 때문입니다.

하늘의 백마 탄 자가 와서 악을 완전히 멸하는 그날이 올 것입니다. 이때는 세상의 악을 심판하고, 모든 사람이 하나님에게 경배하는 어린양의 혼인잔치가 이루어질 것입니다. 그때 신실하게 믿음을 지킨 그리스도인은 초대를 받고 칭찬과 복을 받을 것입니다.

우리는 어린양의 신부들입니다. 비록 이 세상에서 신부수업이 고달프다 할지라도 인내하면서 나아가면 하나님의 큰 잔치에 참여하는 복을 누리게 될 것입니다

10

영원한 삶
-천년왕국

"누구든지 생명책이 기록되지 못한 자는 불못에 던져지더라." (계 20:15)

 **열린 마음**

● 나는 영생이 있다고 믿습니까? 하나님나라에 갈 수 있다는 확신이 있습니까? 무엇을 근거로 그것을 믿을 수 있는지 말해 보십시오. 만약 잘 안 믿어진다면 그 이유는 무엇인지 말해 보십시오.

 말씀 먹기

● 요한계시록 20:1-15을 읽고 다음 질문에 답해 보세요.

악이 멸망하는 순서는 바벨론(18장), 짐승과 거짓 선지자(19장), 그리고 20장에서는 마지막으로 남는 악의 실체인 용이 나옵니다. 끝까지 괴롭히는 악의 세력인 용이 결국은 멸망합니다. 여기서 용은 사단을 의미합니다. 사단의 운명이 어떻게 되는지 본문은 자세하게 밝혀줍니다.

1 요한은 한 천사가 내려와 어떤 일을 행하는 모습을 보았습니까? (1-3) 그러나 용인 사단은 잠시 동안 어떻게 되었습니까?

2 그리스도와 더불어 천년 동안 왕 노릇 하는 사람들과 첫째 부활에 참

여하는 사람들은 누구입니까? (4-6)

_____

_____

3 천년이 끝나갈 무렵에 사단은 옥에서 놓임을 받아 어떤 일을 행합니까? (7-9)

_____

_____

4 그러나 하늘에서 불이 내려와 사단을 어떻게 했습니까? (9-10)

_____

_____

5 요한이 다시 본 환상의 모습은 무엇입니까? (11-12)

_____

_____

6 둘째 사망으로 인하여 악의 세력은 모두 멸망을 당하는데 그 내용을 정리해 보십시오. (13-15)

_____

_____

🌸 생각해 보기

1 사단은 결국 패망합니다. 잠시 동안 하나님의 백성들을 괴롭히지만 결국은 유황못에 던져지게 됩니다. 사단의 앞날을 미리 바라보는 것은 우리에게 어떤 유익이 있습니까?

_____

_____

💡 **Tip** 정답을 알고 시험 문제를 푸는 것은 그리 어렵지 않습니다. 우리는 이 세상에서 닥치는 여러 문제에 대한 해답을 풀려고 노력합니다. 세상을 살다 보면 쉽게 풀리지 않는 문제가 많이 있습니다. 그러나 우리는 이미 승리가 보장된 삶을 살고 있습니다. 미래에 나타날 희망을 보면 현재의 고난이 작게 보입니다.

2 사단은 최종적인 멸망에 이르기 전에 잠시 풀려나와 우리를 괴롭힙니다. 현재 우리가 사는 세상의 모습이 이와 같습니다. 오늘 우리가 사단으로 인해 당하는 어려움은 어떻게 이해하며 이겨야 합니까?

_____

_____

💡 **Tip** 세상에서의 악과 전쟁과 고난은 사단이 주관하고 있습니다. 그것으로 인간들을 괴롭힙니다. 너무 힘들면 사단과 타협도 합니다. 그러나 사단이 이렇게 세상에서 득세하는 것은 하나님이 허락한 동안만입니다. 잠시 동안 득세하고 활개치는 것이라고 생각한다면 사단과 타협하는 것은 어리석은 일이고 함께 멸망하는 길입니다.

🌸 삶의 적용

1 나는 지금 어떤 삶을 살고 있습니까? 영원한 삶을 살고 있다고 확신
  합니까? 그럼에도 세상에서 실패하는 이유는 무엇입니까?

_____

_____

2 잠시 동안 풀려나와 우리를 힘들게 하는 사단의 유혹을 이기기 위해
  서 나는 무엇을 해야 합니까? 내가 미혹당하는 사단의 간계를 찾아보
  십시오.

_____

_____

사단의 나라에서 풀려나는 모습

하나님이 허락하시는 시간에서만…

그리스도인은 누구입니까? 영원히 사는 존재입니다. 우리는 그리스도를 믿음으로 영생하는 하나님의 자녀가 되었습니다. 그런 이유로 사단은 우리를 죽일 수 없습니다. 우리는 죽음을 두려워하지 말아야 합니다. 그리스도인이 된 이후에는 영원히 죽지 않습니다. 순교자들이 죽은 것은 죽은 것이 아니라 하늘에서 살아 있는 것입니다.

영적으로 살아서 천년 동안 통치를 하는 것이 바로 첫째 부활입니다. 첫째 부활은 몸의 부활이 아니라 중생을 의미합니다. 이런 사람은 둘째 사망에 참예하지 않습니다. 둘째 사망은 영원히 죽는 것입니다. 우리 인생의 최고의 복은 우리가 둘째 사망을 피하고 주님을 믿어 살아난 것입니다. 첫째 부활을 경험한 사람은 지금도 살아 있고 영원히 사는 사람입니다.

이런 면에서 우리는 지금 천년을 살고 있는 것입니다. 천년왕국을 누리고 있는 것입니다. 즉 영원한 삶을 살고 있다는 뜻입니다. 이미 우리는 천국 백성이 되어서 천년왕국을 경험하고 살고 있습니다. 아직 완전한 경험이 없다 할지라도 이미 하나님나라는 우리 속에 있고 이미 시작되었습니다. 주님이 오시는 그때는 온전한 천국을 경험하면서 세세 무궁토록 주님과 영원히 살게 될 것입니다.

사단은 우리를 이길 수 없다는 것을 알고 계속 괴롭힙니다. 그것을 안다면 우리는 사단의 계략에 넘어가지 않을 것입니다. 기억하십시오. 사단이 인간에게 주는 핍박과 괴로움은 하나님이 허락하시는 동안만입니다. 참고 인내하면 승리의 날은 반드시 올 것입니다.

11

주 예수여,
오시옵소서!

"이것들을 증언하신 이가 이르시되 내가 진실로 속히 오리라 하시거늘
아멘 주 예수여 오시옵소서." (계 22:20)

열린 마음

● 지금 주님이 세상에 재림하신다면 나에 대해서 무엇이라고 말하실 것 같습니까? 재림하신 주님을 만난 나의 첫마디는 무엇일 것 같습니까?

_____

_____

말씀 먹기

● 요한계시록 22:1-21을 읽고 다음 질문에 답해 보세요.

21-22장은 믿음을 가진 그리스도인이 후에 어디로 초대되는지를 보여주는 대목입니다. 찬란한 새 예루살렘 성의 모습은 마지막에 완성될 교회의 모습을 그리고 있습니다. 그리스도인의 삶은 영광스럽게 완성됩니다. 인생의 끝을 알면 살아가는 것이 어렵지 않습니다. 우리에게 나타날 찬란한 영광을 본문은 보여주고 있습니다.

1 그리스도인(교회)이 앞으로 맛볼 새로운 삶의 특징은 어떤 것들입니까?

—생명의 강이 어디로부터 흘러나옵니까? (1)

_____

74

―그 생명의 강은 어떤 역할을 합니까? (2)

―이런 일을 통하여 이루어지는 모습은 무엇입니까? (3-4)

―인간은 하나님의 빛을 받아 어떤 일을 하게 됩니까? (5)

2 어떤 사람이 복이 있습니까? (6-7)

3 우리는 누구에게만 경배를 드려야 합니까? (8-9)

4 주님이 오시면 어떤 일이 일어납니까? (10-16)

5 어떤 사람에게 하나님은 징벌을 내리신다고 말합니까? (18-19)

_____

_____

6 우리가 살아가면서 마지막으로 드려야 할 기도가 있다면 그것은 무엇입니까? (17, 20-21)

_____

_____

 생각해 보기

1 강줄기에 있는 생명나무의 잎사귀들은 만국을 치료한다고 했는데 이것의 의미는 무엇입니까?

_____

_____

　💡 **Tip** 만국을 치료한다는 것은 하나님이 만드신 에덴동산의 회복을 의미합니다. 이제 더 이상 저주가 없는 세상이 우리에게 다가옵니다. 그것은 어린양 예수를 통해서 주어지는 하나님나라의 모습입니다. 우리는 그리스도를 통하여 죄악을 치유하는 일을 해야 합니다.

2 주님은 분명히 다시 오십니다. 우리가 늘 드리는 기도는 "주 예수여, 오시옵소서"입니다. 그리스도인은 죽음의 때까지 왜 이런 기도를 하면서 살아야 합니까?

 Tip 그리스도인이 가장 소망하는 바는 주님이 오시는 것입니다. 주님이 오시면 세상의 불의와 불공평이 사라지고 진리가 세워질 것입니다. 더 이상 악이 번성하지 못합니다. 진리와 공의와 평화의 나라가 될 것입니다. 주님이 오시지 않으면 우리가 사는 세상은 여전히 악의 소굴일 수밖에 없습니다. 그런 이유로 주님을 기다리는 일은 중요합니다. 그날을 바라보면서 끝까지 진실하게 인생을 살아야 할 것입니다.

 ## 삶의 적용

1 그리스도를 믿는 나는 세상에서 어떤 삶을 살아야 합니까? 악한 일에 대해서 거부하고 타협하지 말아야 합니다. 내가 악을 거부하지 못하는 힘든 부분은 무엇입니까?

2 다음 내용에 대해 솔직하게 응답해 보십시오.

―나는 이 시간에 죽어도 천국 갈 확신이 있습니까?
―나의 소망은 천국입니까? 아니면 이 세상입니까?
―세상을 살아가는 이유는 생명을 구원하기 위해서입니까? 성공과 물질을 더 얻기 위해서입니까?
―나는 무엇을 위해서 이 시간 살아가고 있습니까?

재림을 기다리는 사람에게 필요한 것

주님의 재림을 바라보는 사람은 먼 미래만 꿈꾸는 것이 아닙니다. 그날이 다가올 줄을 믿고 오늘을 최선을 다해 살아야 합니다. 아무리 힘든 일이 있어도 포기하지 말고 악한 자가 잘되는 것을 부러워하지 말고 생명 주신 주님에게 감사하면서 살아야 합니다. 주님이 오시는 그날은 생명이 회복되는 때입니다.

요한계시록 22:1-19에 나오는 생명나무와 생명수의 이야기는 에덴동산의 회복을 그려 주고 있습니다. 우리 모두가 에덴동산에 참여하여 죽음이 없는 영원한 삶을 살기 위해서는 그리스도를 믿어야 합니다. 예수 생명을 얻은 자만이 이런 풍성함에 동참할 수 있습니다.

이런 환상이 그려진다면 우리는 이 세상에서 생명을 구하는 일을 해야 합니다. 한 사람을 구원하여 하나님의 동산에 초대하는 일이야말로 우리가 계속해야 할 주님의 지상 명령입니다. 이미 생명을 얻은 그리스도인은 주님이 오시는 그날까지 생명을 구하고, 영혼을 살리는 일에 매진하고, 그 일에 전심전력을 해야 합니다. 그것이 주님의 재림을 바라는 사람에게 주시는 주님의 뜻입니다.

잠시 있다 사라질 이 세상의 욕망과 영화를 쫓지 않고 하나님만 경배하는 신실한 주님의 제자가 되는 것이, 주님이 오시는 그날까지 해야 할 우리들의 사명입니다.

저자 이대희 목사

장로회 신학대학교 신학대학원(M.Div)과 연세대학교 연합신학대학원(Th.M)을 졸업하고 현재 에스라성경대학원대학교 성경학박사(D.Liit) 과정 중이다.

예장총회교육자원부 연구원과 서울장신대학교 신학과 교수를 역임하고 서울 극동방송에서 "알기 쉬운 성경공부" "기독교 이해" 등의 프로그램을 진행했다. 지난 20여 년 동안 성서사람 · 성서한국 · 성서교회 · 성서나라의 모토를 가지고 한국적 성경교육과 실천사역을 위해 집필과 세미나와 강의사역을 하고 있다. 현재 바이블미션(www.bible91.org) 대표, 꿈을주는교회 담임목사, 독수리기독중고등학교 성경교사, 강남성서신학원 외래교수, 서울장신대 겸임교수로 사역 중이다.

저서로《30분 성경공부시리즈》《투데이 성경공부시리즈》《아름다운 십대 성경공부시리즈》《이야기대화식성경연구》《성경통독을 위한 11가지 리딩포인트》《심방설교 이렇게 준비하라》《예수님은 어떻게 교육했을까?》《1% 가능성을 성공으로 바꾼 사람들》《자녀를 거인으로 우뚝 세우는 침상기도》《하룻밤에 배우는 쉬운 기도》《하나님 이것이 궁금해요》《크리스천이 꼭 알아야 할 100문 100답》등 100여 권이 있다.

요한계시록 인생 승리, 폴더를 열어라

틴~꿈 십대성경공부 | 신약책 시리즈 5

초판1쇄 발행일 | 2009년 12월 30일

지은이 | 이대희
펴낸이 | 박종태
펴낸곳 | 엔크리스토
마케팅 | 정문구, 강한덕
관리부 | 이태경, 신주철, 임우섭, 맹정애, 이수진

출판등록 | 2004년 12월 8일(제2004-116호)
주   소 | 경기도 고양시 일산동구 장항동 568-17
전   화 | (031) 907-0696
팩   스 | (031) 905-3927
이메일 | visionbooks@hanmail.net
공급처 | 비전북 전화 (031) 907-3927 팩스 (031) 905-3927

ISBN 978-89-92027-78-6 04230

값 3,000원

● 잘못된 책은 바꾸어 드립니다.
● 이 교재의 사용 방법, 내용, 훈련, 세미나에 대한 문의는 바이블미션(02-403-0196, 010-2731-9078)으로 해주시면 최선을 다해 도와드리겠습니다.

엔크리스토 성경공부 양육 교재

투데이 성경공부

평생 성경공부할 수 있도록 구성한 시리즈. 주제별로 구성되어 있어 각 교회의 상황에 맞게 커리큘럼을 재구성하여 사용할 수 있다.

101 신앙기초(전 9권 완간) | 201 예수제자(전 9권 완간) | 301 새생활(전 12권 완간)
601 성경개관(전 10권 완간) | 401 · 501 발간 예정

30분 성경공부

신앙생활의 기초를 다루었으며 신앙의 전체 그림을 그릴 수 있는 2년 과정의 소그룹 성경교재다. 성경공부를 시작할 때 사용하면 효과적이다.

믿음편 | 기초 · 성숙 생활편 | 개인 · 영성 · 교회 · 가정 · 이웃 · 일터 · 사회 · 세계
성경탐구편 | 창조시대 · 족장시대 · 출애굽시대 · 광야시대 · 정복시대/사사시대 · 통일왕국시대 ·
분열왕국시대 · 포로시대/포로귀환시대 · 복음서시대1 · 복음서시대2 · 초대교회시대 · 서신시대

아름다운 십대 성경공부

십대들이 꼭 알아야 할 성경의 핵심내용과 기독교적 가치관, 세계관을 정립하는 데 필요한 핵심주제를 담고 있으며, 3년 과정으로 구성되었다.

101 자기정체성 · 복음 만남 · 신앙생활 · 멋진 사춘기 · 예수의 사람(전 5권)
201 가치관 · 믿음뼈대 · 십대생활 · 유혹탈출 · 하나님의 사랑(전 5권)
301 비전과 진로 · 신앙원리 · 생활열매 · 인생수업 · 성령의 사람(전 5권)

틴꿈 십대성경공부

성경 전체의 내용을 핵심적으로 구성되었으며, 성경 파노라마를 통해 십대들이 알아야 할 성경의 맥과 개관을 다루고 구약책과 신약책 중에서 십대에 맞는 책을 선택하여 집중적으로 유형별로 균형 있게 공부할 수 있다.

1년차 성경개관 | 성경파노라마 1, 2, 3, 4, 5(전5권)
2년차 구약책 | 창세기 · 에스더 · 다니엘 · 잠언 · 전도서(전5권)
3년차 신약책 | 누가복음 · 로마서 · 사도행전 · 빌립보서 · 요한계시록(전5권)
• 틴~ 꿈 새가족 양육교재